TRASTORNO DE DÉFICIT DE ATENCIÓN E HIPERACTIVIDAD (FÁCIL DE LEER)

Instituto Nacional De Salud Mental (Author),
S. Smith (Editor), S. Smith (Illustrator)

TRASTORNO DE DÉFICIT DE
ATENCIÓN E HIPERACTIVIDAD
(FÁCIL DE LEER) REVISADO -
EDITED AND ILLUSTRATED BY S.
SMITH

Table of Contents

¿Qué es el trastorno de déficit de atención e hiperactividad o **TDAH** ?

Trastorno de Déficit de Atención e Hiperactividad

El TDAH es un trastorno común de la infancia y puede afectar a los niños de distintas maneras. El TDAH hace que a un niño le sea difícil concentrarse y prestar atención. Algunos niños pueden ser hiperactivos o tener problemas para tener paciencia. El TDAH puede hacer que a un niño le resulte difícil desempeñarse bien en la escuela o comportarse en su casa.

El TDAH se puede tratar. Los médicos y especialistas pueden ayudar.

¿Quién puede desarrollar TDAH?

Trastorno de Déficit de Atención e Hiperactividad

Los niños de todos los orígenes pueden tener TDAH.
Los adolescentes y adultos también pueden tener TDAH.

¿Qué causa el TDAH?

profesional de la salud

Nadie lo sabe con seguridad. El TDAH probablemente es causado por una combinación de cosas. Algunas posibilidades son:

* Los genes, porque a veces el trastorno es hereditario
* El plomo que se encuentra en pinturas viejas y repuestos de plomería
* El fumar y beber alcohol durante el embarazo
* Algunos daños cerebrales

TRASTORNO DE DÉFICIT DE ATENCIÓN E HIPERACTIVIDAD (FÁCIL DE LEER) Revisado - Edited and Illustrated By S. Smith

* Los aditivos alimentarios como, por ejemplo, los colorantes artificiales, los cuáles pueden empeorar la hiperactividad.

Algunas personas creen que el azúcar refinado causa el TDAH. Pero, la mayoría de las investigaciones no apoyan la idea de que el azúcar causa el TDAH.

¿Cuáles son los síntomas del TDAH?

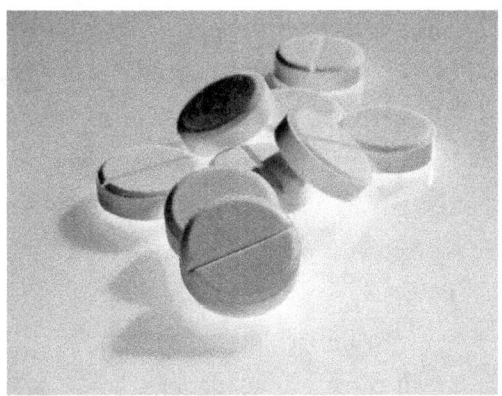

medicación

El TDAH tiene muchos síntomas. Al principio algunos síntomas pueden parecer comportamientos normales de un niño, pero el TDAH los empeora y hace que ocurran con mayor frecuencia. Los niños con TDAH tienen al menos seis síntomas que comienzan en los primeros cinco o seis años de sus vidas.

Los niños que tienen TDAH pueden:

* Distraerse fácilmente y olvidarse las cosas con frecuencia
* Cambiar rápidamente de una actividad a otra
* Tener problemas para seguir instrucciones

* Soñar despiertos/fantasear demasiado

* Tener problemas para terminar cosas como la tarea y los quehaceres domésticos

* Perder juguetes, libros, y útiles escolares con frecuencia

* Estar muy inquietos y retorcerse mucho

* Hablar sin parar e interrumpir a las personas

* Corretear mucho

* Tocar y jugar con todo lo que ven

* Ser muy impacientes

* Decir comentarios inadecuados

* Tener problemas para controlar sus emociones

¿Cómo sé si mi hijo tiene TDAH?

El médico de su hijo puede hacer un diagnóstico. O a veces, puede mandarlo a ver a un especialista en salud mental que tenga más experiencia con el TDAH para que el haga un diagnóstico. No existe una sola prueba que pueda indicar si su hijo tiene TDAH.

Trastorno de Déficit de Atención e Hiperactividad

Puede tomar meses para que un médico o especialista sepa si su hijo tiene TDAH. Él o ella necesita tiempo para observar a su hijo y ver si padece de otros problemas. Puede que el especialista desee hablar con usted, su familia, los maestros de su hijo, y otras personas.

A veces puede ser difícil diagnosticar a un niño con TDAH ya que los síntomas pueden parecerse a otros problemas. Por ejemplo, un niño puede parecer tranquilo y tener un buen comportamiento, pero en realidad a él o ella le es difícil prestar atención y se distrae con frecuencia. O un niño se puede portar mal en la escuela, pero los maestros no se dan cuenta de que el niño tiene TDAH.

Si su hijo tiene problemas en la escuela o en su casa desde hace tiempo, pregúntele a su médico sobre el TDAH.

¿Cómo mejoran los niños que tienen TDAH?

Los niños que tienen TDAH pueden mejorar con tratamiento, pero no hay cura. Hay tres tipos básicos de tratamiento:

1. Medicamentos. Varios medicamentos pueden ayudar. Los tipos más comunes se llaman estimulantes. Los medicamentos ayudan a los niños a concentrarse, aprender, y estar tranquilos.

A veces los medicamentos causan efectos secundarios, como problemas de sueño o dolores de estómago. Puede ser necesario que su hijo trate algunos medicamentos para ver cuál funciona mejor. Es importante que usted y el médico observen cercanamente a su hijo mientras toma la medicina.

2. Terapia. Hay distintas clases de terapia. La terapia conductual puede ayudar a enseñar a los niños a controlar su comportamiento para que puedan desempeñarse mejor en la escuela y su casa.

3. Combinación de terapia y medicamentos. Muchos niños mejoran con medicamentos y terapia.

¿Cómo puedo ayudar a mi hijo?

Brinde orientación y comprensión a su hijo. Un especialista puede indicarle a usted cómo ayudar a su hijo hacer cambios positivos. Al apoyar a su hijo, usted ayuda a todos los miembros de la familia, no solo a su hijo. También, hable con los maestros de su hijo. Algunos niños que tienen TDAH pueden recibir servicios educativos especiales.

¿Cómo afecta el TDAH a los adolescentes?

Ser adolescente no siempre es fácil. Los adolescentes que tienen TDAH pueden pasar malos momentos. La escuela puede ser difícil y algunos adolescentes pueden tomar demasiados riesgos o romper reglas. Pero, al igual que los niños que tienen TDAH, los adolescentes pueden mejorar con tratamiento.

¿Qué puedo hacer por mi hijo adolescente que tiene TDAH?

Apoye a su hijo. Establezca reglas claras para que él o ella pueda seguirlas. Trate de no castigar a su hijo cada vez que rompa las reglas. Hágale saber que usted lo/la puede ayudar.

¿Los adultos también pueden tener TDAH?

Trastorno de Déficit de Atención e Hiperactividad

Muchos adultos tienen TDAH y no lo saben. Al igual que el TDAH en los niños y adolescentes, el TDAH en los adultos puede dificultarles la vida. El TDAH puede hacer que a los adultos les sea difícil sentirse organizados, conservar un empleo, o llegar al trabajo a tiempo. Los adultos que tienen TDAH pueden tener problemas en sus relaciones personales. El trastorno también puede hacer que se sientan inquietos.

El TDAH en adultos se puede diagnosticar y tratar. Para algunos adultos, descubrir que tienen TDAH puede ser un gran alivio. El poder conectar el TDAH con problemas antiguos ayuda a los adultos a entender que pueden mejorar. Si es adulto y cree tener síntomas de TDAH, llame a su médico.

Contáctenos para obtener más información sobre el TDAH

Instituto Nacional de la Salud Mental
División de Redacción Científica, Prensa, y Difusión
6001 Executive Boulevard
Room 8184, MSC 9663
Bethesda, MD 20892-9663
Teléfono: 301-443-4513 o
1-866-615-NIMH (6464)*
Personas con dificultades auditivas: 301-443-8431 o
1-866-415-8051*
FAX: 301-443-4279
Correo electrónico: nimhinfo@nih.gov
Sitio Web: http://www.nimh.nih.gov

*Las llamadas a los números telefónicos que empiezan con 1-866 son gratuitas para quienes viven en los Estados Unidos.

Las fotografías de esta publicación son de modelos y se utilizan solamente con fines ilustrativos.

Publicación de NIH Núm. STR 09-3572

Traducido en agosto del 2009

TRASTORNO DE DÉFICIT DE ATENCIÓN E HIPERACTIVIDAD (FÁCIL DE LEER) Revisado - Edited and Illustrated By S. Smith

Si desea reproducir o copiar este folleto, le pedimos usar estas guías...